AF222033

Impressum
Verlag: BABADADA GmbH, Nedderfeld 112 , 22529 Hamburg
Geschäftsführer / Verlagsleitung: Harald Hof
Druck: Books on Demand GmbH, In de Tarpen 42, 22848 Norderstedt

Imprint
Publisher: BABADADA GmbH, Nedderfeld 112 , 22529 Hamburg, Germany
Managing Director / Publishing direction: Harald Hof
Print: Books on Demand GmbH, In de Tarpen 42, 22848 Norderstedt, Germany

skola

училище

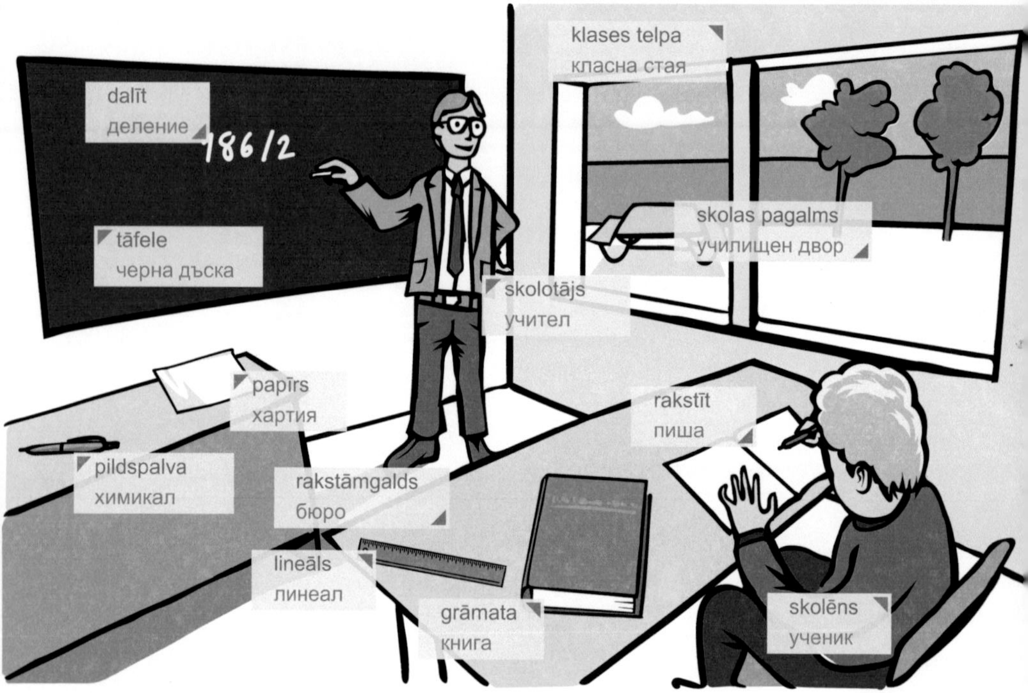
klases telpa
класна стая
dalīt
деление
186/2
tāfele
черна дъска
skolas pagalms
училищен двор
skolotājs
учител
papīrs
хартия
rakstīt
пиша
pildspalva
химикал
rakstāmgalds
бюро
lineāls
линеал
grāmata
книга
skolēns
ученик

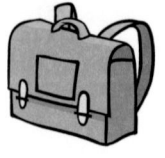

skolas soma

ученическа раница

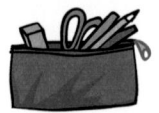

penālis

ученически несесер

zīmulis

молив

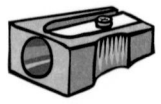

zīmuļu asināmais

острилка за моливи

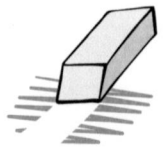

dzēšgumija

гума

zīmēšanas bloks

блок за рисуване

zīmējums

рисунка

ota

четка

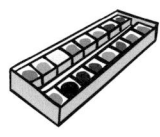

krāsas

акварелни бои

šķēres

ножица

līme

лепило

darba burtnīca

тетрадка за упражнения

mājas darbs

домашна работа

skaitlis

число

saskaitīt

събиране

atņemt

изваждане

reizināt

умножение

rēķināt

смятане

burts

буква

alfabēts

азбука

vārds

дума

teksts

текст

lasīt

чета

krīts

тебешир

mācību stunda

час

žurnāls

дневник на класа

eksāmens

изпит

liecība

свидетелство

skolas forma

ученическа униформа

izglītība

образование

enciklopēdija

справочник

universitāte

университет

mikroskops

микроскоп

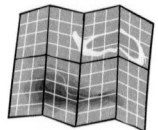

karte

карта

papīrgrozs

кошче за хартиени
отпадъци

ceļojums

пътуване

Grand
viesnīca
хотел
hostelis
хостел
ROOMS
valūtas maiņas punkts
обменно бюро
čemodāns
куфар
automašīna
кола

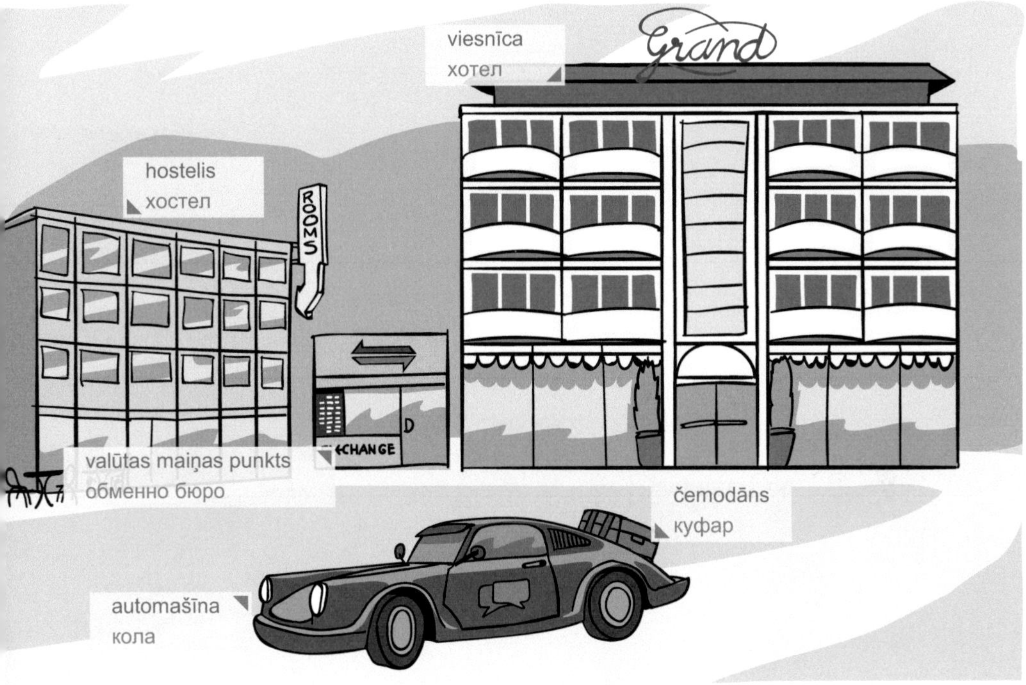

Valoda

език

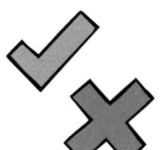

jā / nē

да / не

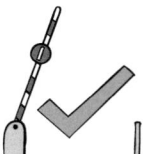

Okay

Окей

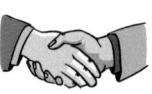

Sveiki!

здравей

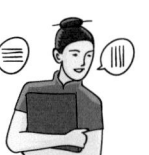

tulks

преводач

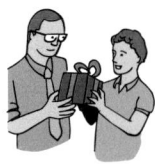

paldies

Благодаря

Cik maksā…?

Колко струва…?

Es nesaprotu

Не разбирам

problēma

проблем

Labvakar!

Добър вечер!

Labrīt!

Добро утро!

Ar labu nakti!

Лека нощ!

Uz redzēšanos

довиждане

virziens

посока

bagāža

багаж

soma

пътна чанта

mugursoma

раница

viesis

посетител

istaba

стая

guļammaiss

спален чувал

telts

палатка

tūrisma informācija

туристическа информация

pludmale

плаж

kredītkarte

кредитна карта

brokastis

закуска

pusdienas

обед

vakariņas

вечеря

biļete

билет

lifts

асансьор

pastmarka

пощенска марка

robeža

граница

muita

митница

vēstniecība

посолство

vīza

виза

pase

паспорт

transports
транспорт

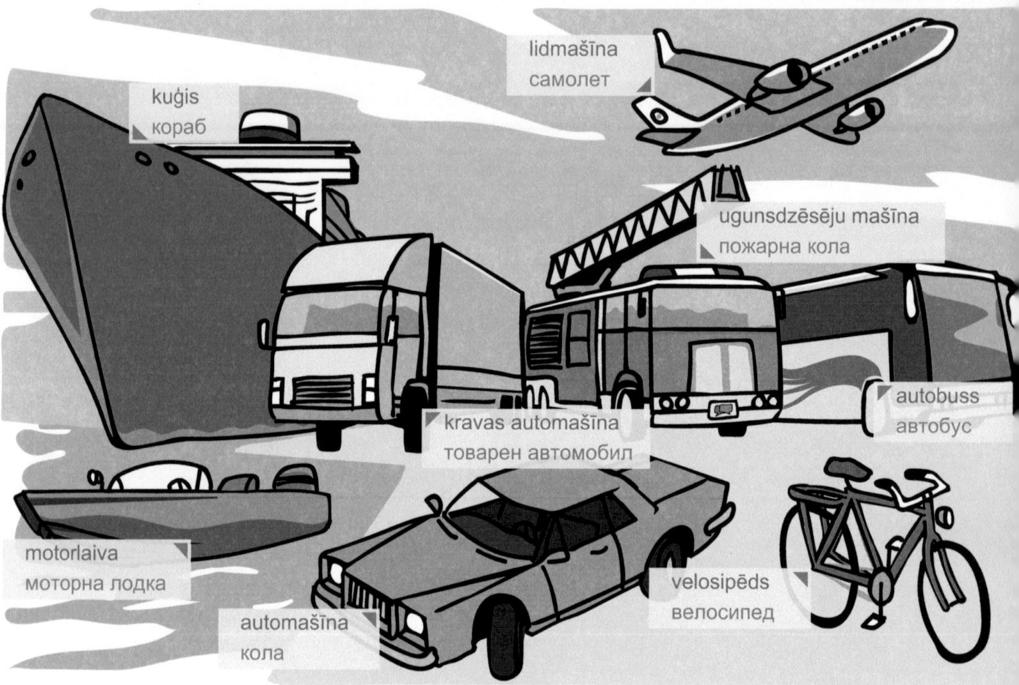

lidmašīna
самолет

kuģis
кораб

ugunsdzēsēju mašīna
пожарна кола

autobuss
автобус

kravas automašīna
товарен автомобил

motorlaiva
моторна лодка

velosipēds
велосипед

automašīna
кола

prāmis

ферибот

laiva

лодка

motocikls

мотоциклет

policijas automašīna

полицейска кола

sacīkšu automobilis

състезателна кола

nomas auto

кола под наем

auto koplietošana

каршеринг

evakuators

автомобил от "Пътна помощ"

atkritumu mašīna

сметовоз

dzinējs

двигател

benzīns

бензин

degvielas uzpildes stacija

бензиностанция

ceļa zīme

пътен знак

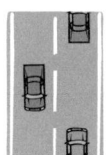

satiksme

улично движение

sastrēgums

задръстване

stāvvieta

паркинг

dzelzceļa stacija

гара

sliedes

релси

vilciens

влак

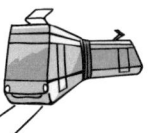

tramvajs

трамвай

vagons

вагон

helikopters

хеликоптер

lidosta

аерогара

tornis

кула

pasažieris

пасажер

konteiners

контейнер

kaste

кашон

ratiņi

ръчна количка

grozs

кошница

pacelties / nosēsties

излитам / приземявам се

pilsēta

град

ciems

село

pilsētas centrs

градски център

māja

къща

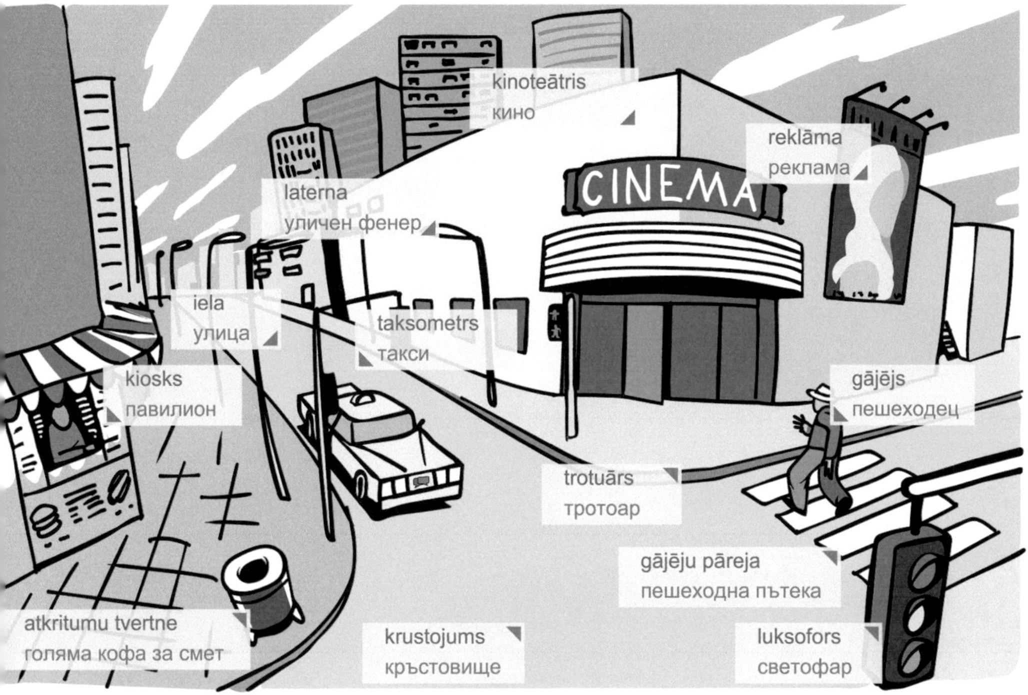

kinoteātris
кино

reklāma
реклама

laterna
уличен фенер

CINEMA

iela
улица

taksometrs
такси

kiosks
павилион

gājējs
пешеходец

trotuārs
тротоар

gājēju pāreja
пешеходна пътека

atkritumu tvertne
голяма кофа за смет

krustojums
кръстовище

luksofors
светофар

būda

хижа

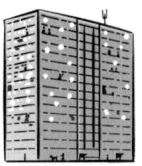

dzīvoklis

жилище

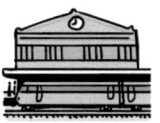

dzelzceļa stacija

гара

rātsnams

кметство

muzejs

музей

skola

училище

universitāte

университет

banka

банка

slimnīca

болница

viesnīca

хотел

aptieka

аптека

birojs

офис

grāmatnīca

книжарница

veikals

магазин за цветя

ziedu veikals

магазин за цветя

lielveikals

супермаркет

tirgus

пазар

tirdzniecības centrs

универсален магазин

zivju tirgotājs

търговец на риба

tirdzniecības centrs

търговски център

osta

пристанище

parks

парк

sols

пейка

tilts

мост

kāpnes

стълба

metro

метро

tunelis

тунел

autobusa pieturvieta

автобусна спирка

bārs

бар

restorāns

ресторант

pastkastīte

пощенска кутия

ielas nosaukuma plāksne

улична табелка

stāvlaika skaitītājs

часовник за паркинг
престой

zooloģiskais dārzs

зоологическа градина

peldbaseins

плувен басейн

mošeja

джамия

zemnieku saimniecība

селски двор

vides piesārņojums

замърсяване на околната среда

kapsēta

гробище

baznīca

църква

spēļu laukums

детска площадка

templis

храм

ainava

пейзаж

lapa
листо

ceļrādis
пътепоказател

ceļš
път

pļava
ливада

akmens
камък

koks
дърво

ceļotājs
пътешественик

upe
река

zāle
трева

puķe
цвете

ieleja

долина

kalns

планина

ezers

море

mežs

гора

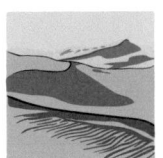

tuksnesis

пустиня

vulkāns

вулкан

pils

замък

varavīksne

дъга

sēne

гъба

palma

палма

moskīts

комар

muša

муха

skudra

мравка

bite

пчела

zirneklis

паяк

vabole

бръмбар

varde

жаба

vāvere

катеричка

ezis

таралеж

zaķis

заек

pūce

кукумявка

putns

птица

gulbis

лебед

meža cūka

диво прасе

briedis

елен

alnis

лос

aizsprosts

бент

vēja ģenerators

вятърна турбина

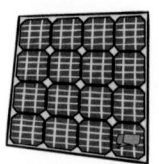

saules baterija

соларен модул

klimats

климат

restorāns
ресторант

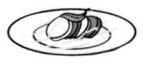

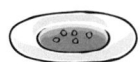

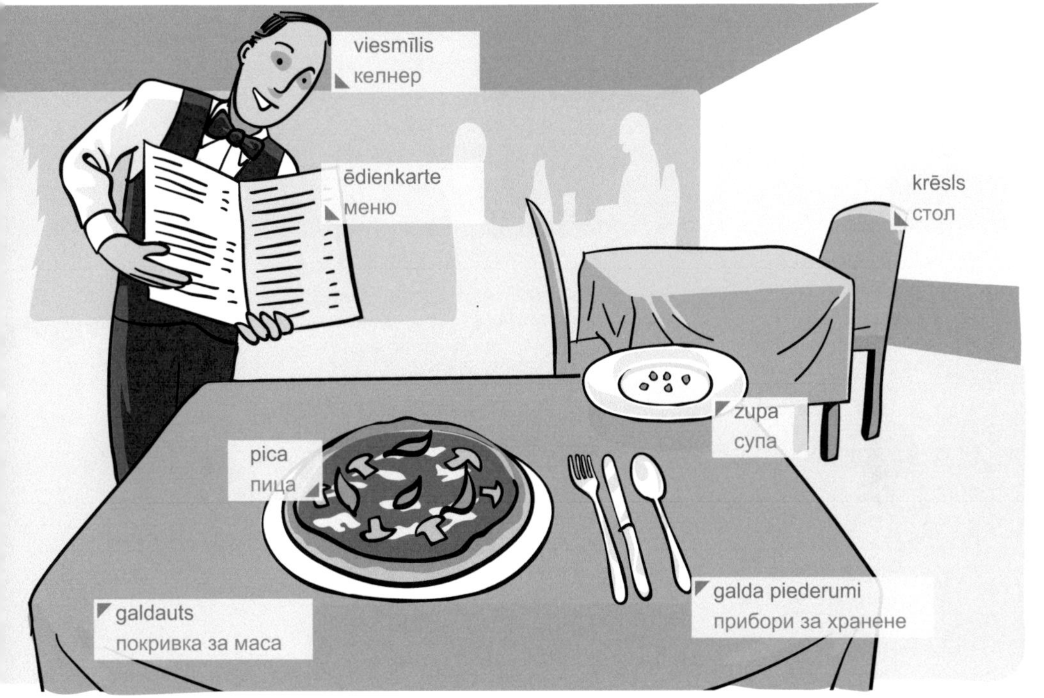
viesmīlis
келнер
ēdienkarte
меню
krēsls
стол
zupa
супа
pica
пица
galda piederumi
прибори за хранене
galdauts
покривка за маса

uzkoda
предястие

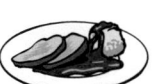

pamatēdiens
основно ястие

deserts
десерт

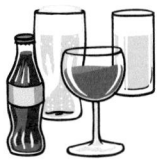

dzērieni
напитки

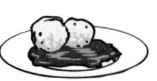

ēdiens
ядене

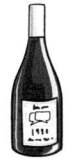

pudele
бутилка

ātrās uzkodas

бързо хранене

ielu uzkodas

улична храна

tējkanna

кана за чай

cukurtrauks

кутия за захар

porcija

порция

espresso kafijas automāts

еспресо машина

bāra krēsls

висок детски стол

rēķins

сметка

paplāte

табла

nazis

ножица за нокти

dakša

вилица

karote

лъжица

tējkarote

чаена лъжичка

salvete

салфетка

glāze

стъклена чаша

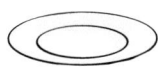

šķīvis

чиния

zupas šķīvis

чиния за супа

apakštase

чинийка

mērce

сос

sāls trauciņš

солница

piparu dzirnaviņas

мелничка за черен пипер

etiķis

оцет

eļļa

олио

garšvielas

подправки

kečups

кетчуп

sinepes

горчица

majonēze

майонеза

lielveikals

супермаркет

piedāvājums
оферта
FOR
klients
клиент
piena produkti
млечни продукти
augļi
плодове
iepirkumu ratiņi
количка за покупки

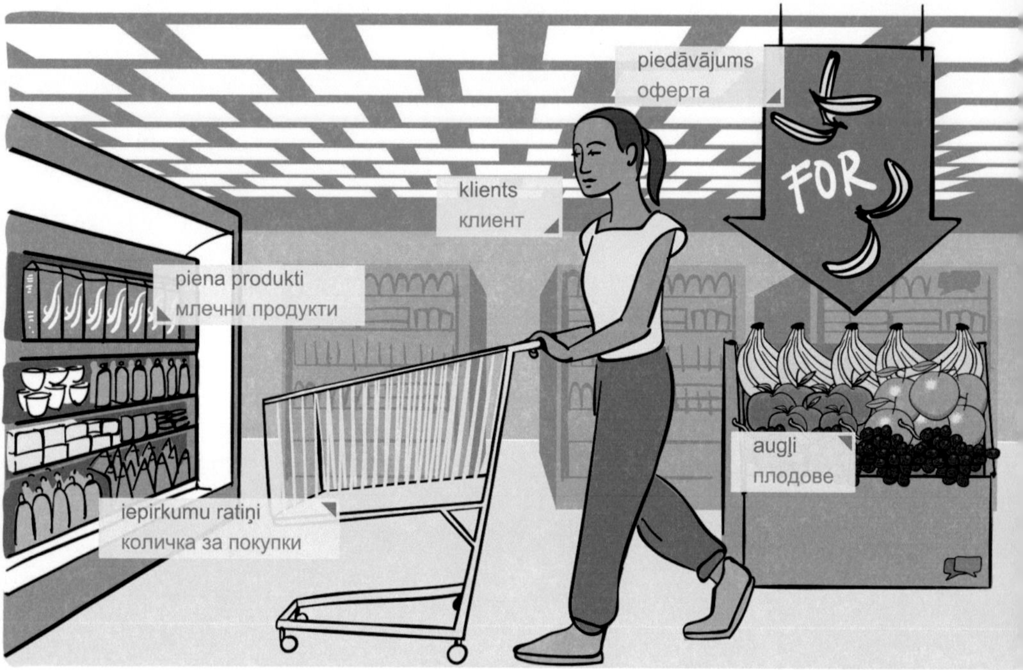

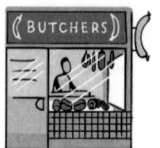

BUTCHERS

kautuve

кланица

BAKERY

maizes veikals

хлебарница

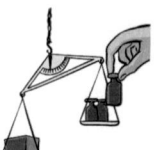

svērt

тегля

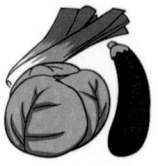

dārzeņi

зеленчуци

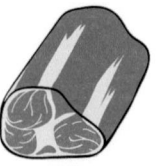

gaļa

месо

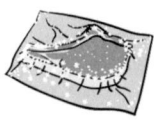

saldēti produkti

дълбоко замразена храна

aukstās gaļas uzkodas

нарязан колбас или сирене

konservi

консерви

pulveris

перилен препарат

saldumi

лакомства

mājsaimniecības preces

домакински изделия

tīrīšanas līdzeklis

почистващи препарати

pārdevēja

продавачка

kase

каса

kasieris

касиер

iepirkumu saraksts

списък на покупките

darba laiks

работно време

maks

портфейл

kredītkarte

кредитна карта

soma

чанта

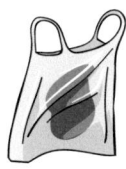

maisiņš

пластмасова торба

ūdens

вода

sula

сок

piens

мляко

kola

кола

vīns

вино

alus

бира

alkohols

алкохол

kakao

какао

tēja

чай

kafija

кафе машина

espresso

еспресо

kapučīno

капучино

banāns

банан

ābols

ябълка

apelsīns

портокал

melone

пъпеш

citrons

лимон

burkāns

морков

ķiploks

чесън

bambuss

бамбук

sīpols

лук

sēne

гъба

rieksti

ядки

makaroni

макарони

spageti

спагети

rīsi

ориз

salāti

салата

frī kartupeļi

пържени картофи

cepti kartupeļi

печени картофи

pica

пица

hamburgers

хамбургер

sviestmaize

сандвич

šnicele

шницел

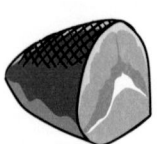

šķiņķis

шунка

salami

траен колбас

desa

салам

vista

пиле

cepetis

печено

zivs

риба

auzu pārslas

овесени ядки

muslis

мюсли

brokastu pārslas

корнфлейкс

milti

брашно

radziņš

кроасан

brokastu maizītes

хлебчета

maize

хляб

tostermaize

препечена филийка

cepumi

бисквити

sviests

масло

biezpiens

извара

kūka

сладкиш

ola

яйце

cepta ola

яйца на очи

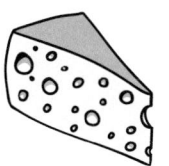

siers

сирене

saldējums

сладолед

cukurs

захар

medus

мед

marmelāde

мармалад

riekstu krēms

нуга крем

karijs

къри

zemnieku saimniecība
селски двор

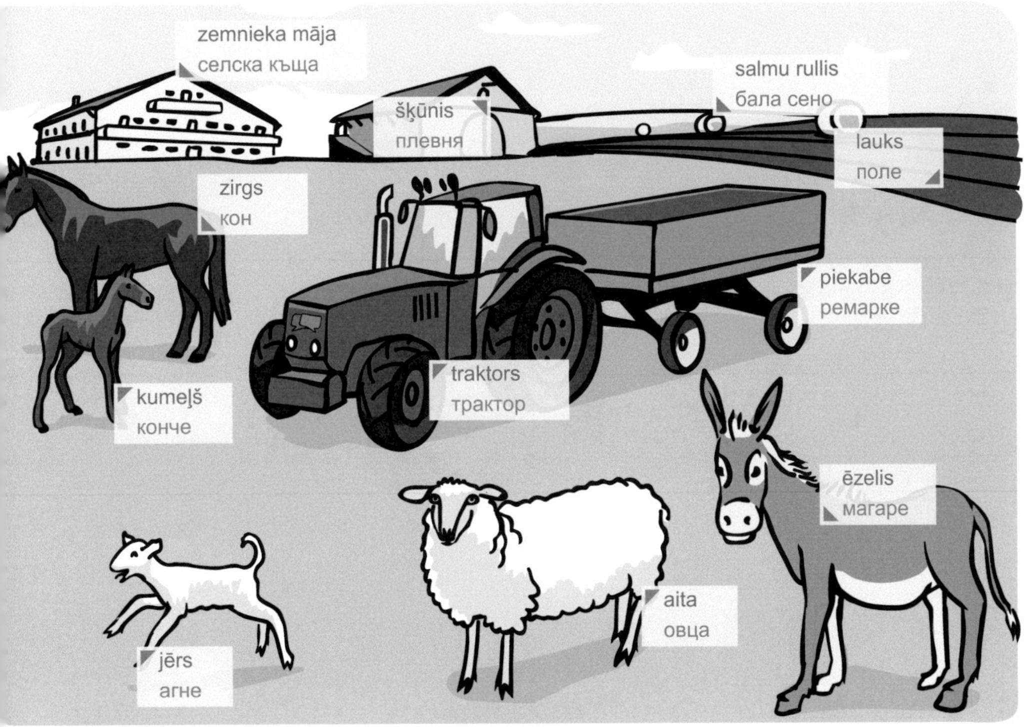
zemnieka māja
селска къща
šķūnis
плевня
salmu rullis
бала сено
lauks
поле
zirgs
кон
piekabe
ремарке
traktors
трактор
kumeļš
конче
ēzelis
магаре
aita
овца
jērs
агне

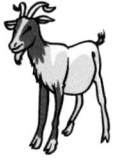

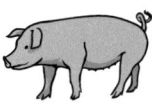

kaza

коза

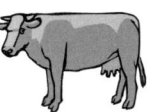

govs

крава

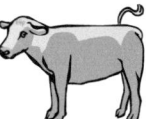

teļš

теле

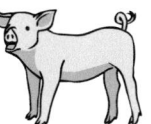

cūka

свиня

sivēns

прасенце

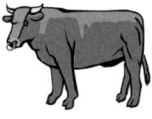

bullis

бик

zoss

гъска

pīle

патица

cālis

пиленце

vista

кокошка

gailis

петел

žurka

плъх

kaķis

котка

pele

мишка

vērsis

вол

suns

куче

suņa būda

кучешка колиба

dārza šļūtene

градински маркуч

lejkanna

лейка

izkapts

коса

arkls

плуг

sirpis

сърп

kaplis

мотика

mēslu dakša

вила за тор

cirvis

брадва

ķerra

ръчна количка

sile

корито

piena kanna

съд за мляко

maiss

чувал

žogs

ограда

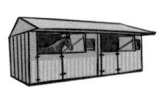

kūts

обор

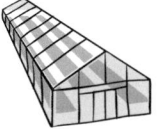

siltumnīca

парник

augsne

земя

sēklas

сеитба

mēslojums

тор

kombains

комбайн

novākt ražu

жъна

raža

реколта

jamss

ямс

kvieši

жито

soja

соя

kartupelis

картоф

kukurūza

царевица

rapsis

рапица

augļu koks

овощно дърво

manioka

маниока

labība

зърнени храни

māja

къща

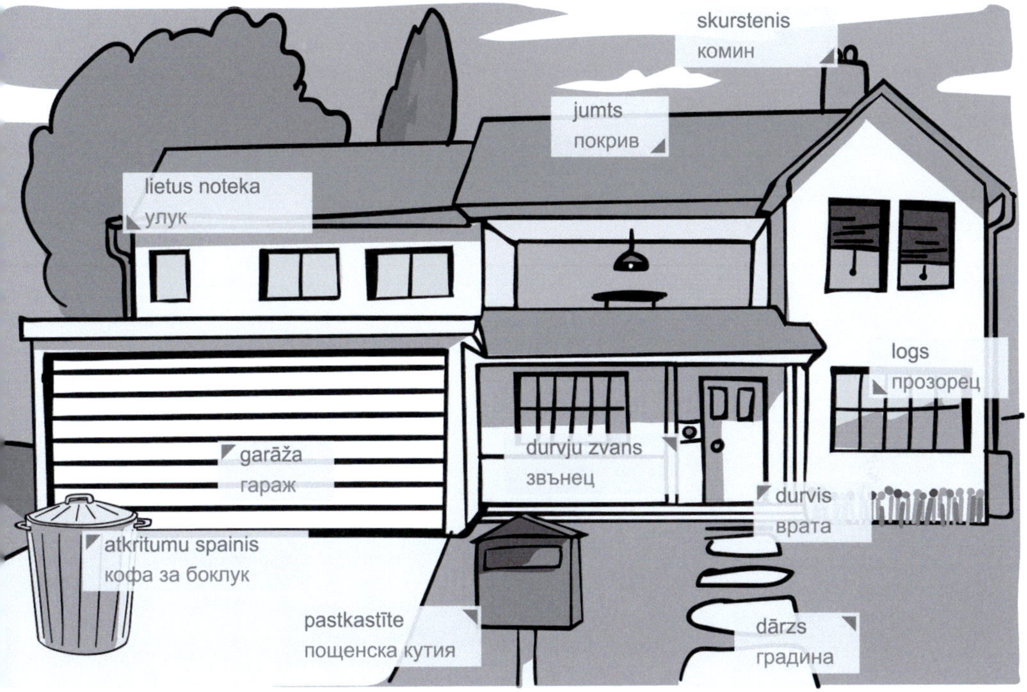
skurstenis
комин
jumts
покрив
lietus noteka
улук
logs
прозорец
garāža
гараж
durvju zvans
звънец
durvis
врата
atkritumu spainis
кофа за боклук
pastkastīte
пощенска кутия
dārzs
градина

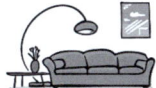

viesistaba

всекидневна

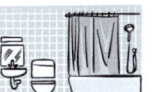

vannas istaba

баня

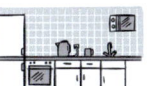

virtuve

кухня

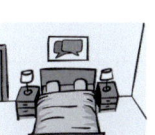

guļamistaba

спалня

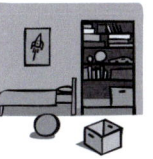

bērnu istaba

детска стая

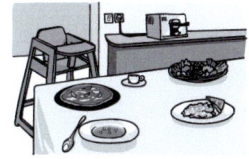

ēdamistaba

трапезария

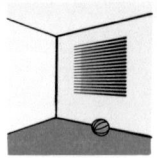

grīda

под

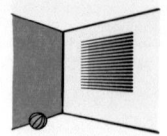

siena

стена

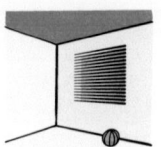

griesti

таван

pagrabs

изба

sauna

сауна

balkons

балкон

terase

тераса

baseins

плувен басейн

zāles pļāvējs

косачка

gultas veļa

спално бельо

sega

покривка за легло

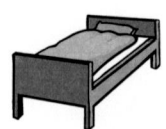

gulta

легло

slota

метла

spainis

кофа

slēdzis

електрически ключ

viesistaba
всекидневна

tapetes
тапет
attēls
картина
lampa
лампа
plaukts
рафт
skapis
шкаф
televizors
телевизор
kamīns
камина
puķe
цвете
spilvens
възглавница
dīvāns
канапе
vāze
ваза
tālvadības pults
дистанционно управление

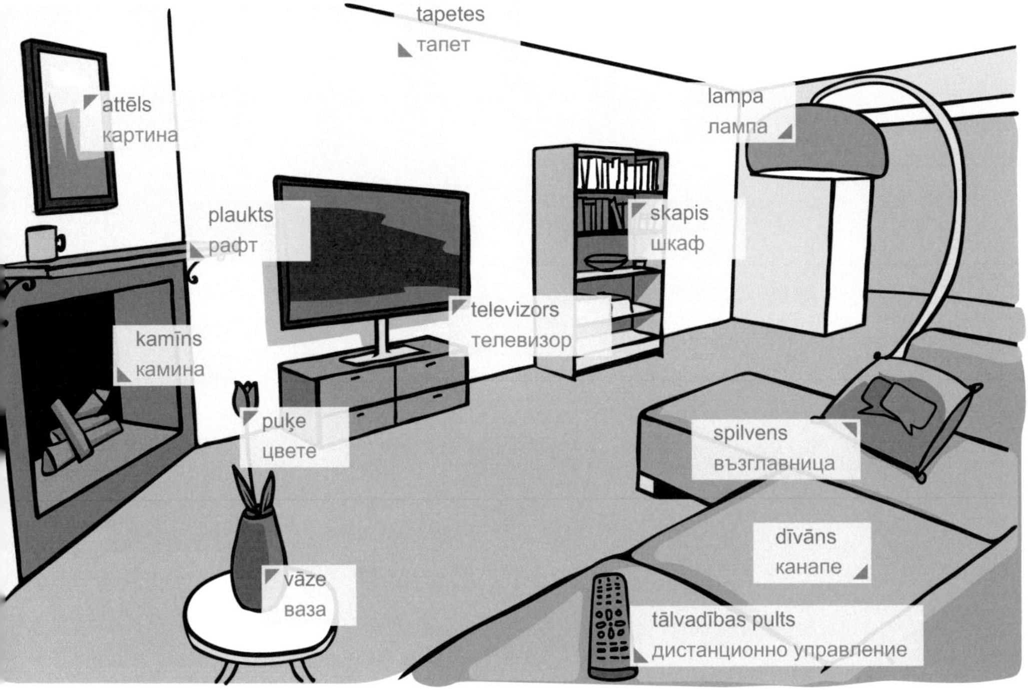

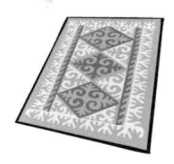

paklājs
килим

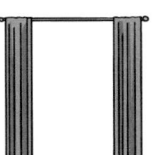

aizkars
завеса

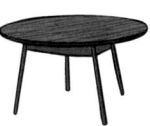

galds
маса

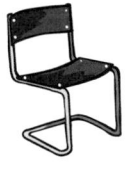

krēsls
стол

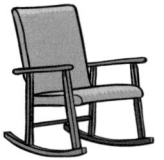

šūpuļkrēsls
люлеещ се стол

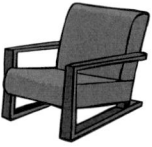

atpūtas krēsls
кресло

grāmata

книга

sega

одеяло

dekorācija

декорация

malka

дърва за отопление

filma

филм

mūzikas centrs

стерео уредба

atslēga

ключ

avīze

вестник

glezna

живопис

plakāts

постер

radio

радио

pierakstu blociņš

бележник

putekļu sūcējs

прахосмукачка

kaktuss

кактус

svece

свещ

virtuve
кухня

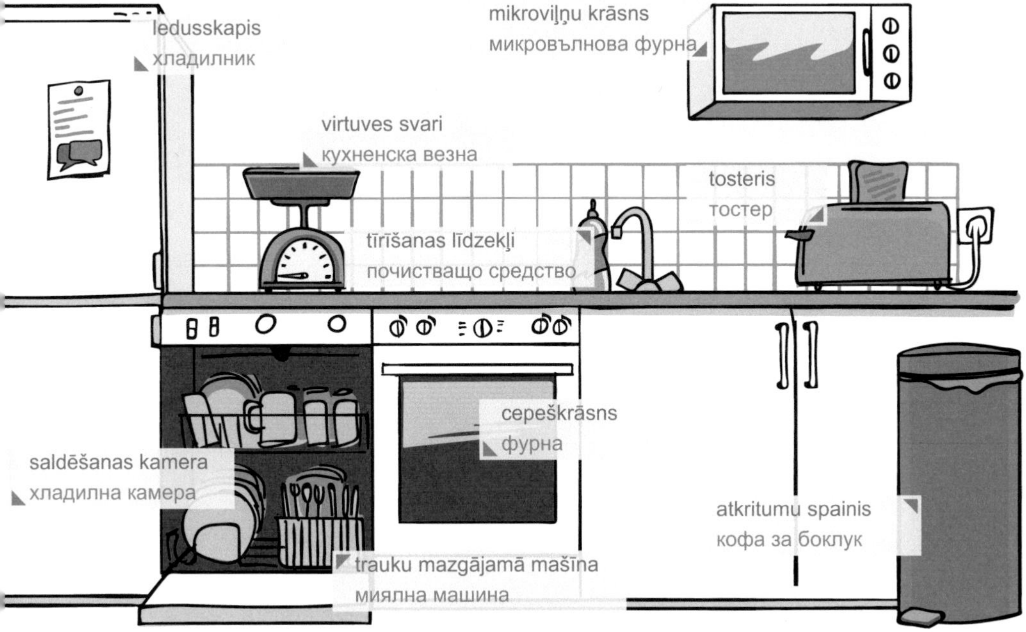

ledusskapis
хладилник
mikroviļņu krāsns
микровълнова фурна
virtuves svari
кухненска везна
tosteris
тостер
tīrīšanas līdzekļi
почистващо средство
cepeškrāsns
фурна
saldēšanas kamera
хладилна камера
atkritumu spainis
кофа за боклук
trauku mazgājamā mašīna
миялна машина

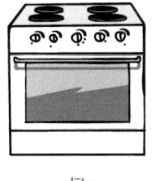

plīts

готварска печка

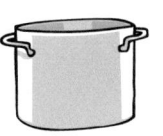

pods

тенджера

katls

желязна тенджера

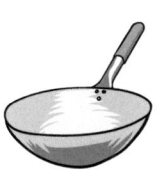

Wok panna

уок / кадаи

panna

тиган

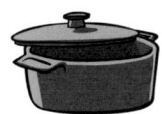

elektriskā tējkanna

кана за затопляне на вода

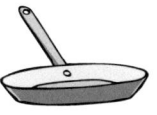

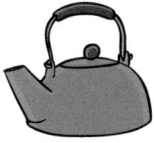

tvaika katls

уред за готвене на пара

cepešpanna

тава за печене

trauki

съдове

krūze

чаша

bļoda

купа

irbulīši

клечки за хранене

kauss

черпак

lāpstiņa

лопатка за тиган

putošanas slotiņa

тел за разбиване (на яйца, белтъци)

sietiņš

кошница за варене

siets

гевгир

rīve

ренде

piesta

хаван

grilēt

барбекю

atklāts pavards

огнище

dēlis

дъска

mīklas rullis

точилка

korķu vilķis

тирбушон

bundža

кутия

konservu nazis

отварачка за консерви

virtuves cimdi

кухненска ръкохватка

izlietne

мивка

birste

четка

sūklis

гъба

mikseris

миксер

saldētava

фризер

bērna pudelīte

бебешко шише

ūdenskrāns

воден кран

vannas istaba

баня

apkure
отопление
dvielis
хавлиена кърпа
duša
душ
dušas aizkari
завеса за баня
vannas putas
шампоан за вана
vanna
вана
glāze
стъклена чаша
veļas mašīna
перална машина
ūdenskrāns
воден кран
flīzes
плочки
podiņš
гърне
izlietne
мивка

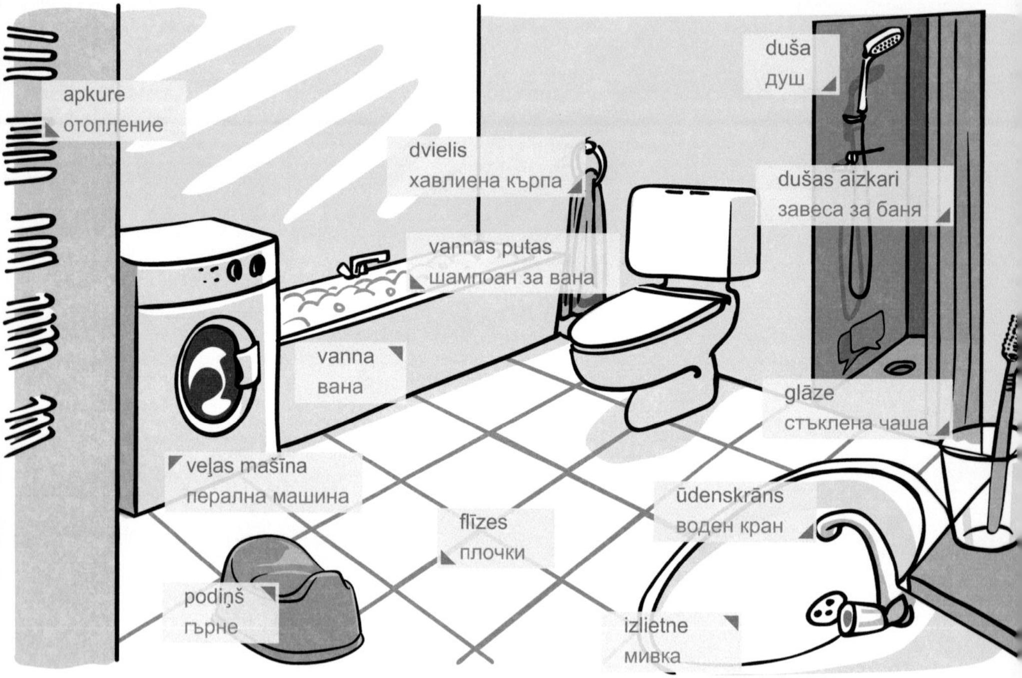

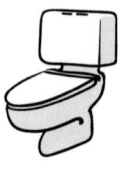

tualetes pods

тоалетна

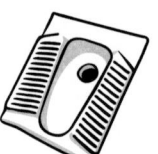

Āzijas tipa tualete

клекало

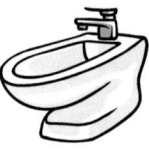

bidē

биде

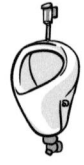

pisuārs

писоар

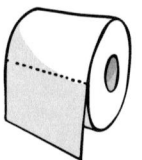

tualetes papīs

тоалетна хартия

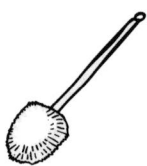

tualetes birste

четка за тоалетна

zobu birste

четка за зъби

zobu pasta

паста за зъби

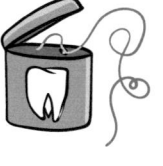

zobu diegs

конец за зъби

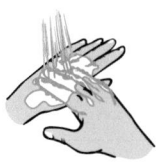

mazgāt

мия

rokas duša

ръчен душ

duša

интимен душ

bḷoda

леген

muguras mazgāšanas birste

четка за гръб

ziepes

сапун

dušas želeja

душ гел

šampūns

шампоан за вана

mazgāšanas drāna

гъба за баня

noteka

сифон

krēms

крем

dezodorants

дезодорант

spogulis

огледало

spogulītis

козметично огледало

skuveklis

ръчна самобръсначка

skūšanās putas

пяна за бръснене

losjons pēc skūšanās

одеколон за след
бръснене

ķemme

гребен

matu suka

четка

matu fēns

сешоар

matu laka

спрей за коса

grima komplekts

грим

lūpu krāsa

червило

nagulaka

лак за нокти

vate

памук

šķērītes

ножица за нокти

smaržas

парфюм

kosmētikas maks

тоалетна чантичка

ķeblītis

табуретка

svari

везна

halāts

хавлия

tīrīšanas cimdi

домакински ръкавици

tampons

тампон

pakete

дамски преврързки

ķīmiskā tualete

химическа тоалетна

bērnu istaba

детска стая

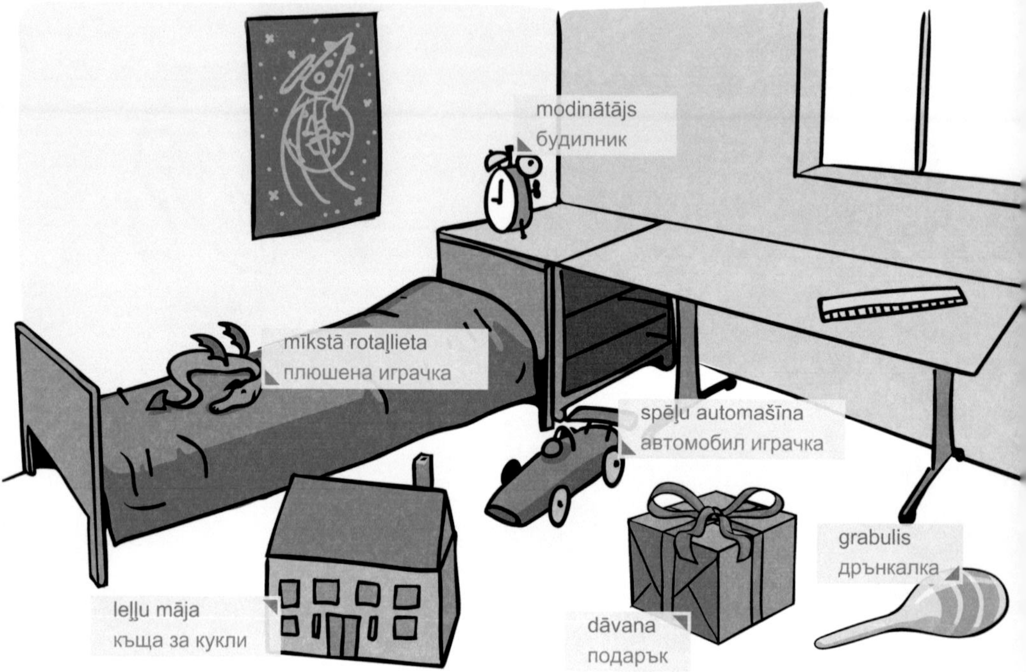

modinātājs
будилник
mīkstā rotaļlieta
плюшена играчка
spēļu automašīna
автомобил играчка
grabulis
дрънкалка
leļļu māja
къща за кукли
dāvana
подарък

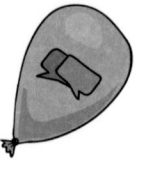

balons

балон

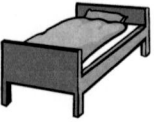

gulta

легло

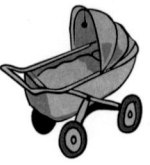

bērnu ratiņi

детска количка

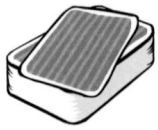

kārtis

игра на карти

puzle

пъзел

SUPER
MEGA

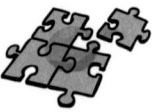

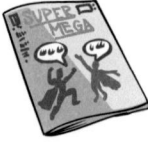

komikss

комикс

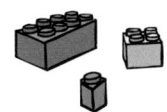

LEGO klucīši

лего елементи

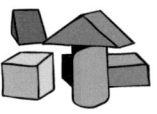

klucīši

строителни елементи

varoņu figūra

екшън фигурка

rāpulītis

бебешки гащеризон

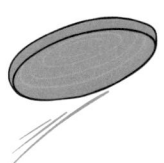

lidojošais šķīvītis

фрисби

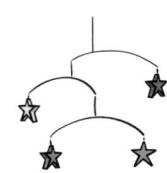

muzikālais karuselis

бебешки играчки за легло

galda spēle

настолна игра

metamais kauliņš

зарче

rotaļu dzelzceļš

миниатюрно влакче

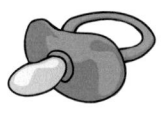

māneklis

биберон

ballīte

парти

bilžu grāmata

детска книга с илюстрации

bumba

топка

lelle

кукла

spēlēt

играя

smilšu kaste

пясъчник

šūpoles

люлка

rotaļlietas

играчка

spēļu konsole

игрова конзола

trīsritenis

велосипед с три колелета

plīša lācītis

плюшено мече

drēbju skapis

гардероб

apģērbs

облекло

īszeķes

къси чорапи

zeķes

дълги чорапи

zeķbikses

чорапогащник

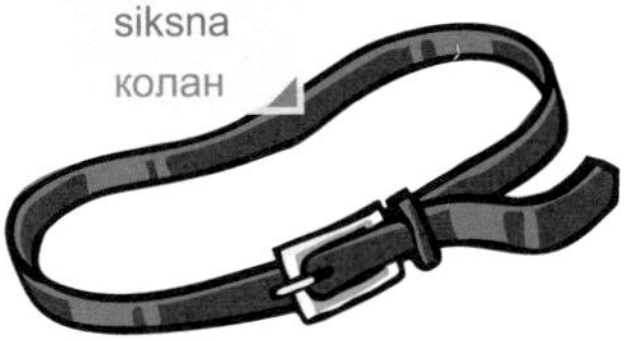

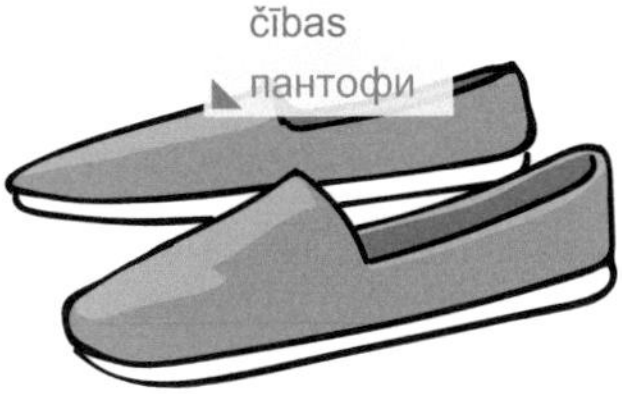

šalle
шал

lietussargs
чадър

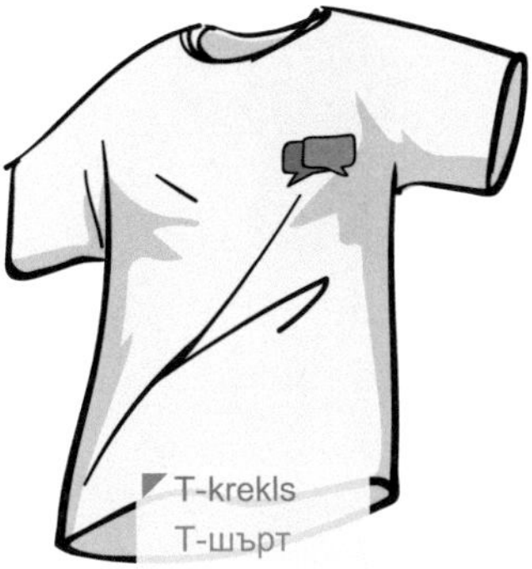

siksna
колан

T-krekls
Т-шърт

botas
гуменки

zābaks
ботуши

čības
пантофи

sandales
сандали

kurpes
обувки

gumijas zābaki
гумени ботуши

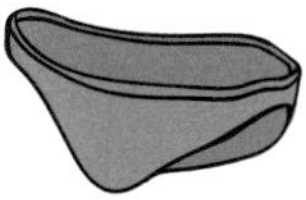

apakšbikses
слип

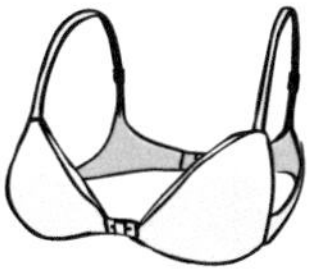

krūšturis
сутиен

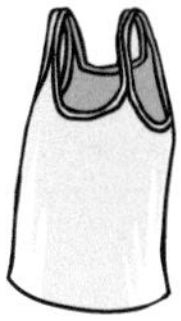

apakškrekls
долна блуза

bodijs

боди

bikses

панталон

džinsi

дънки

svārki

пола

blūze

блуза

krekls

риза

pulovers

пуловер

džemperis

суичър

žakete

блейзър

jaka

яке

mētelis

палто

lietus mētelis

дъждобран

kostīms

костюм

kleita

рокля

kāzu kleita

булчинска рокля

apģērbs - облекло

uzvalks

костюм

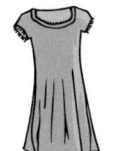

naktskrekls

нощница

pidžama

пижама

sari

сари

lakats

кърпа за глава

turbāns

тюрбан

burka

бурка

kaftāns

кафтан

abaja

абая

peldkostīms

бански костюм

peldbikses

плувни шорти

šorti

къс панталон

treniņtērps

анцуг

priekšauts

престилка

cimdi

ръкавици

poga

копче

brilles

очила

rokassprādze

гривна

kaklarota

верижка

gredzens

пръстен

auskars

обеца

cepure

каскет

drēbju pakaramais

закачалка

platmale

шапка

kaklasaite

вратовръзка

rāvējslēdzējs

цип

ķivere

каска

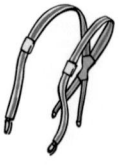

bikšturi

тиранти

skolas forma

ученическа униформа

uniforma

униформа

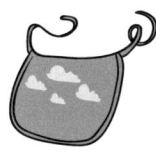

priekšautiņš

лигавник

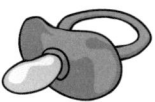

māneklis

биберон

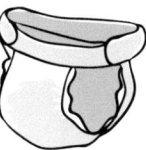

autiņbiksītes

пелена

birojs

офис

serveris
сървър
dokumentu skapis
шкаф за документи
printeris
принтер
papīrs
хартия
monitors
монитор
rakstāmgalds
бюро
pele
мишка
dokumentu vāki
папка
klaviatūra
клавиатура
krēsls
стол
papīrgrozs
кошче за хартиени отпадъци
dators
компютър

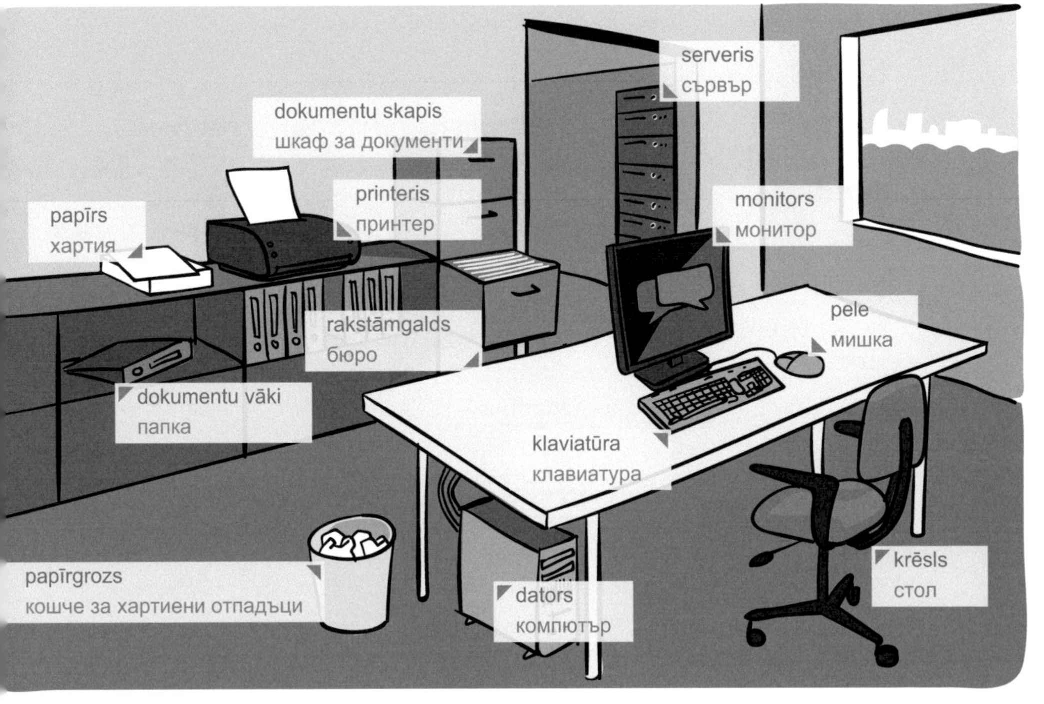

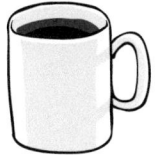

kafijas krūze

чаша за кафе

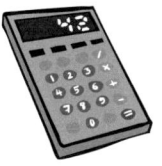

kalkulators

джобен калкулатор

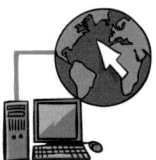

internets

интернет

portatīvais dators

лаптоп

vēstule

писмо

ziņa

съобщение

mobilais tālrunis

мобилен телефон

tīkls

мрежа

kopētājs

ксерокс

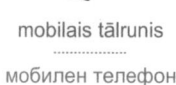

programmatūra

софтуер

telefons

телефон

rozete

контакт

faksa aparāts

факс

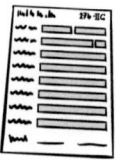

formulārs

формуляр

dokuments

документ

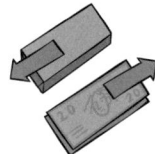

pirkt

купувам

samaksāt

плащам

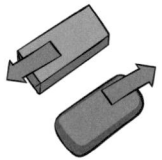

tirgot

търгувам

nauda

пари

dolārs

долар

eiro

евро

jēna

йена

rublis

рубла

franks

швейцарски франк

juaņa renminbi

ренминби юан

rūpija

рупия

bankomāts

банкомат

valūtas maiņas punkts

обменно бюро

zelts

злато

sudrabs

сребро

nafta

нефт

enerģija

енергия

cena

цена

līgums

договор

nodoklis

данък

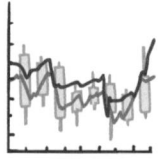

akcija

акция

strādāt

работя

darbinieks

служител

darba devējs

работодател

fabrika

фабрика

veikals

магазин за цветя

profesijas
професии

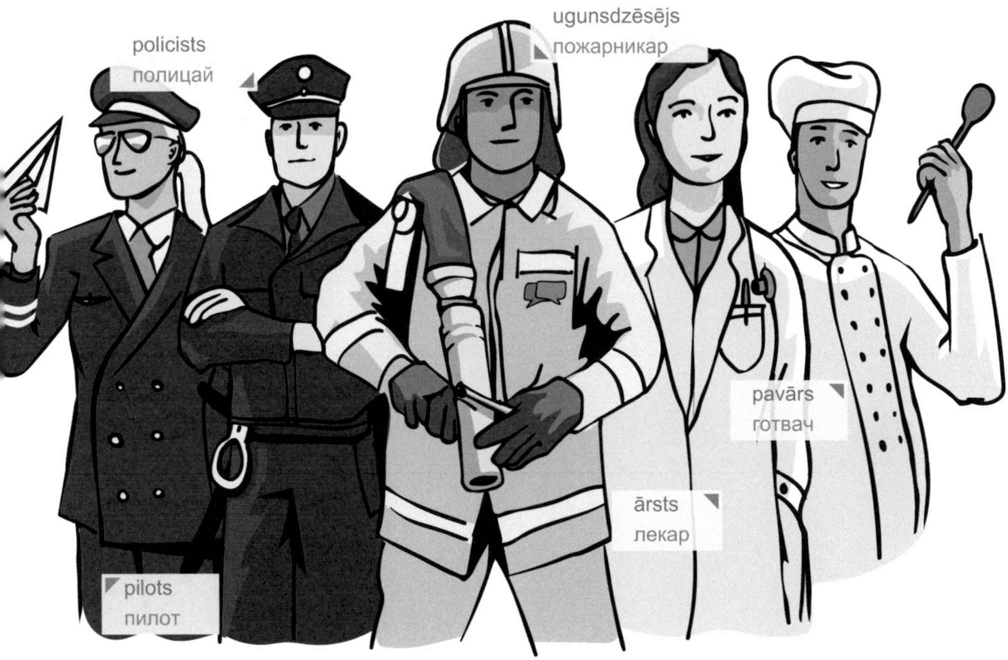
ugunsdzēsējs
пожарникар
policists
полицай
pavārs
готвач
ārsts
лекар
pilots
пилот

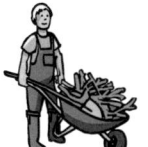

dārznieks

градинар

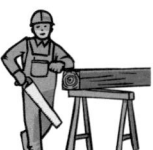

galdnieks

мебелист

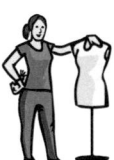

šuvēja

шивачка

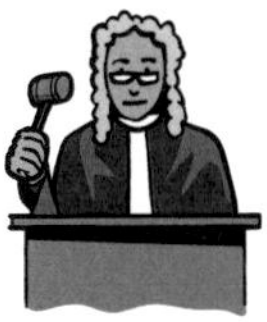

tiesnesis

съдия

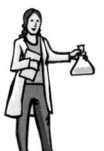

ķīmiķis

химик

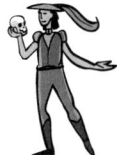

aktieris

артист

autobusa vadītājs

шофьор на автобус

taksometra vadītājs

шофьор на такси

zvejnieks

рибар

apkopēja

чистачка

jumiķis

майстор на покриви

viesmīlis

келнер

mednieks

ловец

gleznotājs

художник

maiznieks

хлебар

elektriķis

електротехник

celtnieks

строителен работник

inženieris

инженер

miesnieks

касапин

skārdnieks

тенекеджия

pastnieks

пощальон

karavīrs

войник

arhitekts

архитект

kasieris

касиер

florists

цветар

frizieris

фризьор

konduktors

кондуктор

mehāniķis

механик

kapteinis

капитан

zobārsts

зъболекар

zinātnieks

научен работник

rabīns

равин

imāms

имàм

mūks

монах

mācītājs

свещеник

instrumenti

инструменти

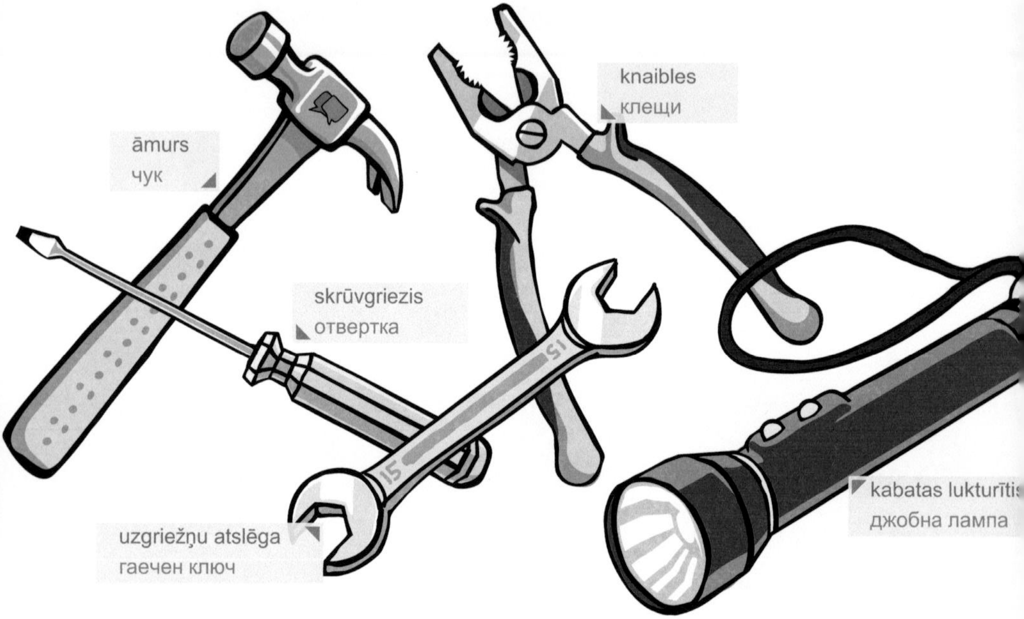

knaibles
клещи
āmurs
чук
skrūvgriezis
отвертка
kabatas lukturītis
джобна лампа
uzgriežņu atslēga
гаечен ключ

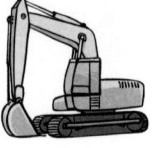

ekskavators

багер

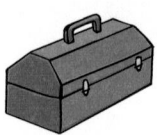

instrumentu kaste

кутия за инструменти

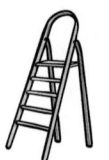

kāpnes

стълба

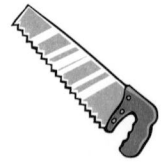

zāģis

трион

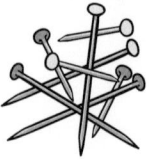

naglas

пирони

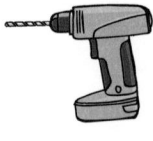

urbis

бормашина

remontēt

ремонтирам

lāpsta

лопата

Velns!

По дяволите!

liekšķere

лопатка за смет

krāsas bundža

кутия за боя

skrūves

болтове

mūzikas instrumenti
музикални инструменти

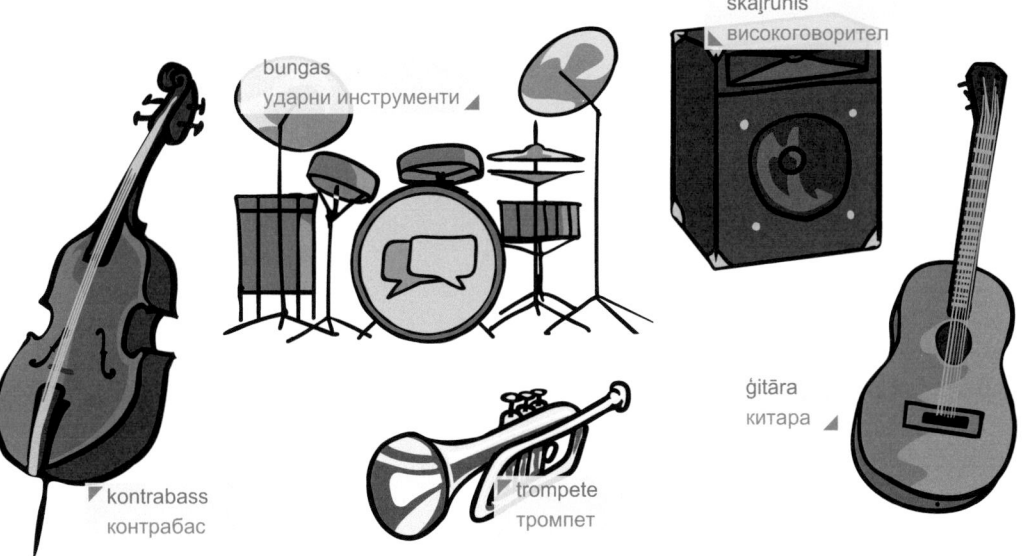

bungas
ударни инструменти

skaļrunis
високоговорител

kontrabass
контрабас

trompete
тромпет

ģitāra
китара

klavieres

пиано

vijole

виолина

bass

контрабас

timpāni

тимпан

bungas

барабан

digitālās klavieres

електрическо пиано

saksofons

саксофон

flauta

флейта

mikrofons

микрофон

zooloģiskais dārzs

зоологическа градина

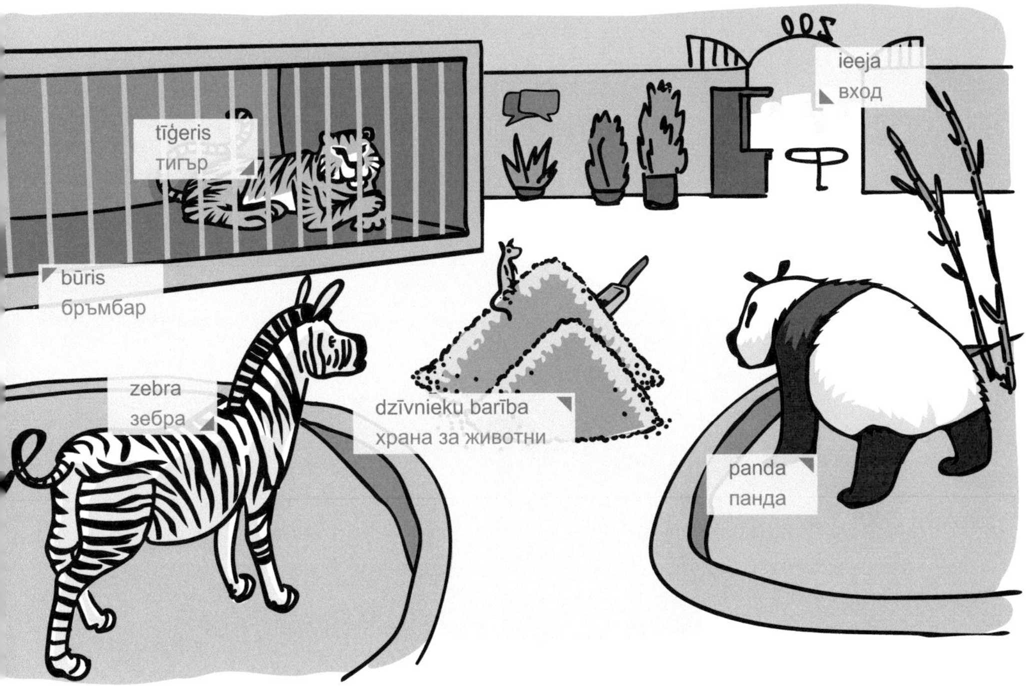
ieeja
вход
tīģeris
тигър
būris
бръмбар
zebra
зебра
dzīvnieku barība
храна за животни
panda
панда

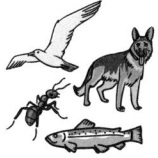

dzīvnieki

животни

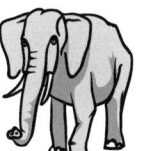

zilonis

слон

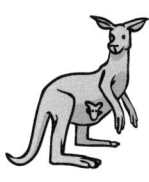

ķengurs

кенгуру

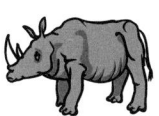

degunradzis

носорог

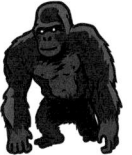

gorilla

горила

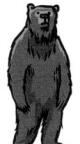

lācis

мечка

kamielis

камила

strauss

щраус

lauva

лъв

pērtiķis

маймуна

flamings

фламинго

papagailis

папагал

polārlācis

бяла мечка

pingvīns

пингвин

haizivs

акула

pāvs

паун

čūska

змия

krokodils

крокодил

zoodārza sargs

пазач в зоологическа
градина

ronis

тюлен

jaguārs

ягуар

ponijs

пони

leopards

леопард

nīlzirgs

хипопотам

žirafe

жираф

ērglis

орел

meža cūka

диво прасе

zivs

риба

bruņurupucis

костенурка

valzirgs

морж

lapsa

лисица

gazele

газела

amerikāņu futbols
американски футбол

riteņbraukšana
колоездене

teniss
тенис

basketbols
баскетбол

peldēšana
плуване

bokss
бокс

hokejs
хокей на лед

futbols	badmintons	vieglatlētika
футбол	бадминтон	лека атлетика
rokas bumba	slēpošana	polo
хандбал	ски бягане	поло

lēkt
скачам

smieties
смея се

apskaut
прегръщам

iet
вървя

dziedāt
пея

sapņot
сънувам

lūgt
моля се

skūpstīt
целувам

rakstīt

пиша

zīmēt

рисувам

rādīt

показвам

spiest

бутам

dot

давам

ņemt

взимам

būt

имам

darīt

правя

būt

съм

stāvēt

стоя

skriet

тичам

vilkt

дърпам

mest

хвърлям

krist

падам

gulēt

лежа

gaidīt

чакам

nest

нося

sēdēt

седя

uzģērbt

обличам

gulēt

спя

pamosties

събуждам се

skatīties

разглеждам

raudāt

плача

glāstīt

милвам

ķemmēt

реша се

runāt

говоря

saprast

разбирам

jautāt

питам

dzirdēt

слушам

dzert

пия

ēst

ям

sakārtot

разтребвам

mīlēt

обичам

vārīt

готвя

braukt

карам автомобил

lidot

летя

burot

плавам (с платна)

rēķināt

смятане

lasīt

чета

mācīties

уча

strādāt

работя

precēties

женя се

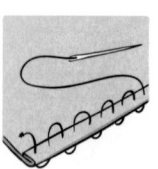

šūt

шия

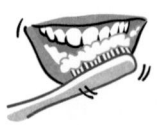

tīrīt zobus

измивам си зъбите

nogalināt

убивам

smēķēt

пуша

sūtīt

изпращам

ģimene
семейство

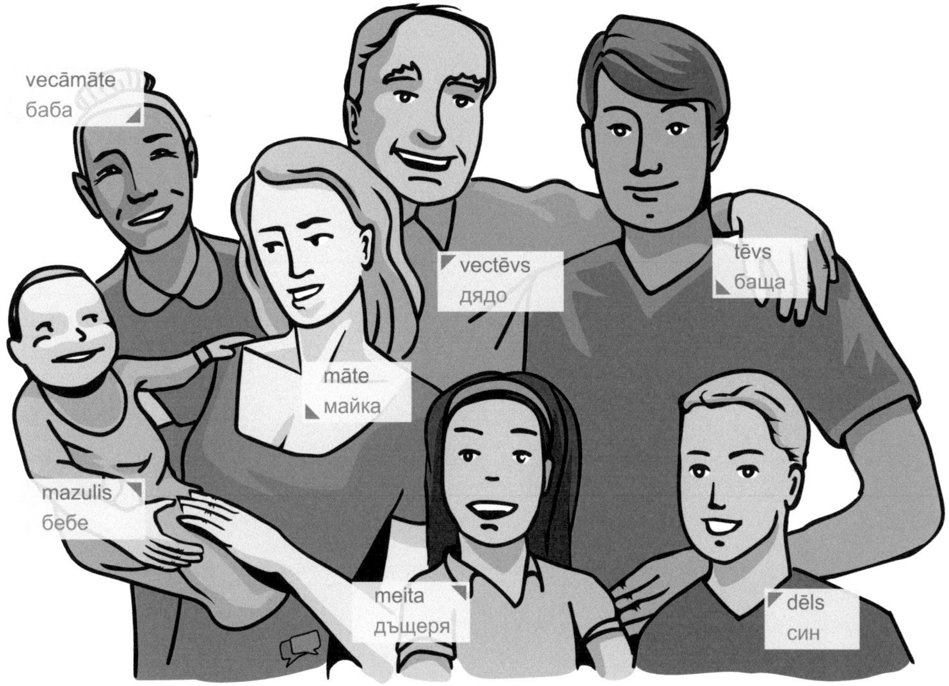

vecāmāte
баба
vectēvs
дядо
tēvs
баща
māte
майка
mazulis
бебе
meita
дъщеря
dēls
син

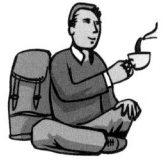

viesis

посетител

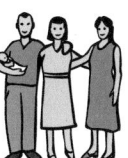

tante

леля

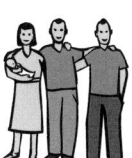

onkulis

чичо

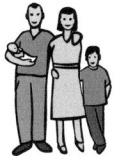

brālis

брат

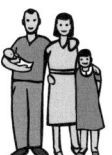

māsa

сестра

ķermenis

тяло

piere
чело
acs
око
plecs
рамо
pirksts
пръст
seja
лице
zods
брадичка
roka
ръка
krūtis
гърди
kāja
крак
roka
ръка

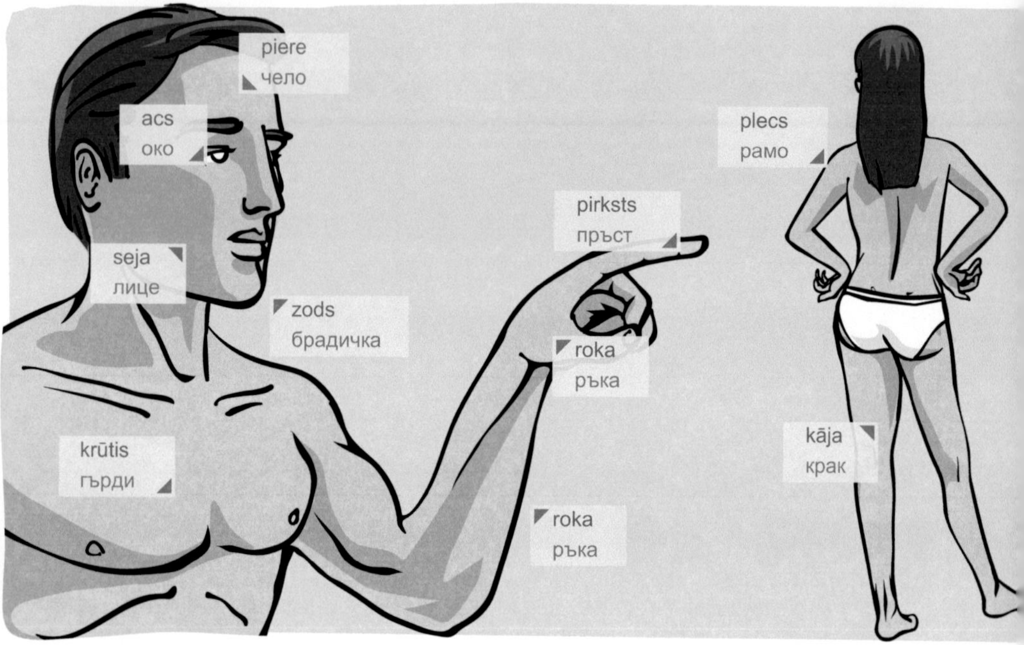

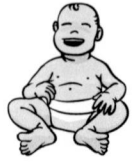

mazulis
бебе

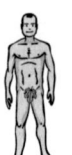

vīrietis
мъж

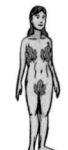

sieviete
жена

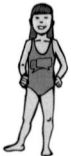

meitene
момиче

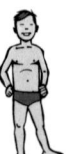

zēns
момче

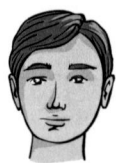

galva
глава

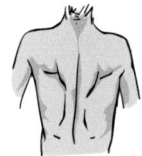

mugura

гръб

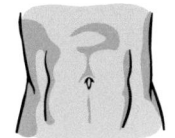

vēders

корем

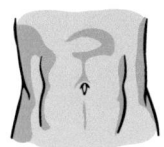

naba

пъп

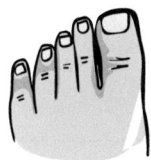

kājas pirksts

пръст на крака

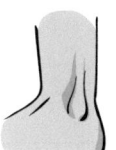

papēdis

пета

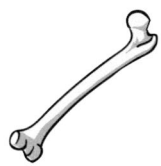

kauls

кост

gurns

хълбок

celis

коляно

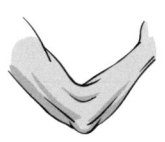

elkonis

лакът

deguns

нос

dibens

седалище

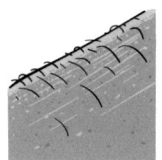

āda

кожа

vaigs

буза

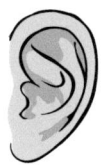

auss

ухо

lūpa

устна

mute

уста

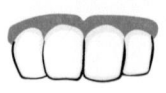

zobs

зъб

mēle

език

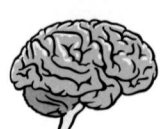

smadzenes

мозък

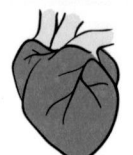

sirds

сърце

muskulis

мускул

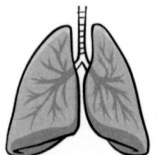

plaušas

бял дроб

aknas

черен дроб

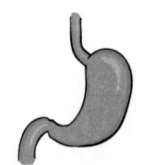

kuņģis

стомах

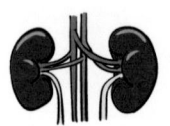

nieres

бъбреци

dzimumakts

полово сношение

kondoms

кондом

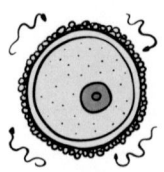

olšūna

яйцеклетка

sperma

сперма

grūtniecība

бременност

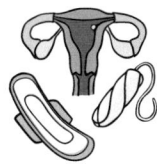

menstruācijas

менструация

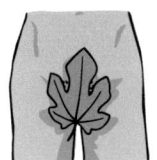

vagīna

вагина

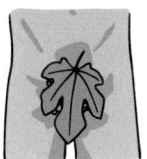

penis

пенис

uzacs

вежда

mati

коса

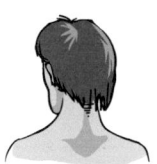

kakls

шия

slimnīca

болница

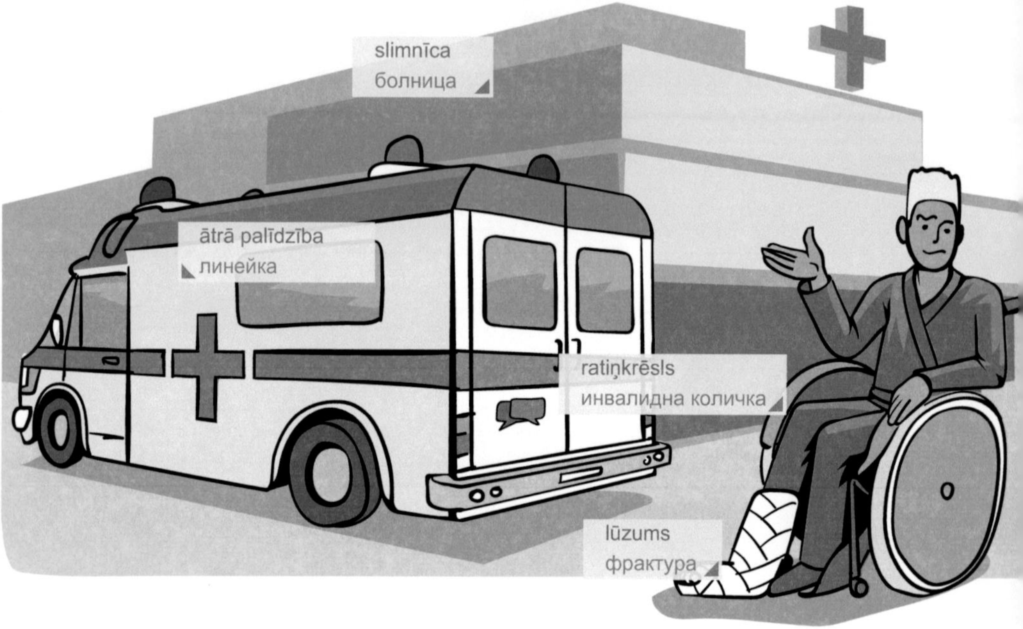

slimnīca
болница
ātrā palīdzība
линейка
ratiņkrēsls
инвалидна количка
lūzums
фрактура

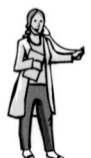

ārsts

лекар

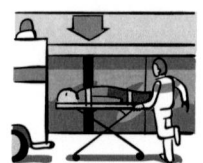

neatliekamās palīdzības nodaļa

спешна хоспитализация

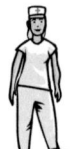

medmāsa

медицинска сестра

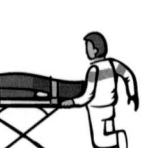

ārkārtas gadījums

спешен случай

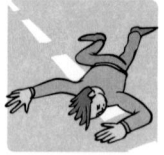

paģībis

в безсъзнание

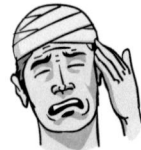

sāpes

болка

ievainojums

нараняване

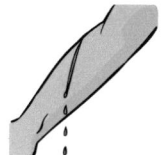

asiņošana

кървене

sirdslēkme

инфаркт

insults

инсулт

alerģija

алергия

klepus

кашлица

temperatūra

температура

gripa

грип

caureja

диария

galvassāpes

главоболие

vēzis

рак

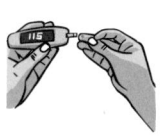

diabēts

диабет

ķirurgs

хирург

skalpelis

скалпел

operācija

операция

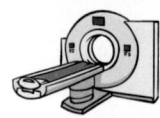

datortomogrāfija

компютърна томография

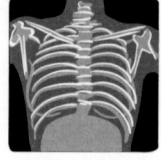

rentgents

рентген

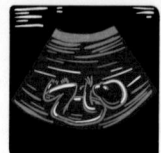

ultraskaņa

ултразвук

sejas maska

маска

slimība

болест

uzgaidāmā telpa

чакалня

kruķis

патерица

plāksteris

пластир

apsējs

превръзка

injekcija

инжекция

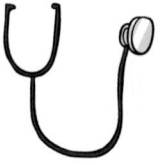

stetoskops

стетоскоп

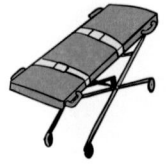

nestuves

носилка

termometrs

термометър

dzemdības

раждане

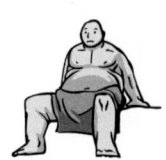

liekais svars

наднормено тегло

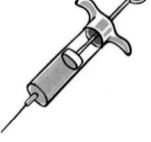

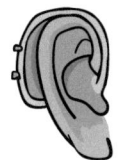

dzirdes aparāts

слухов апарат

dezinfekcijas līdzeklis

дезинфекционно средство

infekcija

инфекция

vīruss

вирус

HIV / AIDS

HIV / AIDS

zāles

медицина

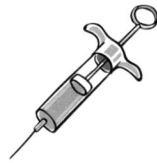

pote

ваксинация

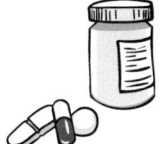

tabletes

таблети

pretapaugļošanās tablete

противозачатъчна
таблетка

ārkārtas izsaukums

спешно телефонно
обаждане

asinsspiediena mērītājs

апарат за измерване на
кръвното налягане

slims / vesels

болен / здрав

Palīgā!

Помощ!

trauksme

сигнал за тревога

uzbrukums

нападение

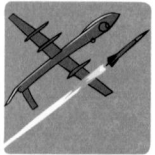

uzbrukums

атака

bīstamība

опасност

avārijas izeja

авариен изход

Uguns!

Пожар!

ugunsdzēšamais aparāts

пожарогасител

negadījums

злополука

pirmās palīdzības aptieciņa

комплект за оказване на
първа помощ

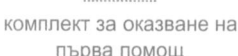

SOS

SOS

policija

полиция

Eiropa

Европа

Ziemeļamerika

Северна Америка

Dienvidamerika

Южна Америка

Āfrika

Африка

Āzija

Азия

Austrālija

Австралия

Atlantijas okeāns

Атлантически океан

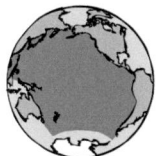

Klusais okeāns

Тихи океан

Indijas okeāns

Индийски океан

Dienvidu okeāns

Южен ледовит океан

Ziemeļu ledus okeāns

Северен ледовит океан

Ziemeļpols

Северен полюс

Dienvidpols

Южен полюс

Antarktika

Антарктида

zeme

Земя

zeme

суша

jūra

море

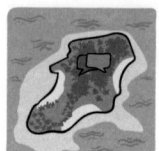

sala

остров

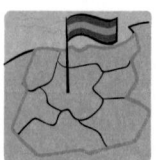

nācija

нация

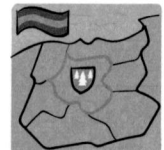

valsts

държава

ciparnīca

циферблат

stundu rādītājs

стрелка на часовете

minūšu rādītājs

стрелка на минутите

sekunžu rādītājs

стрелка на секундите

Cik ir pulkstenis?

Колко е часът?

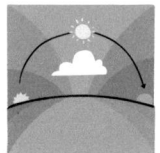

diena

ден

laiks

време

tagad

сега

digitālais pulkstenis

дигитален часовник

minūte

минута

stunda

час

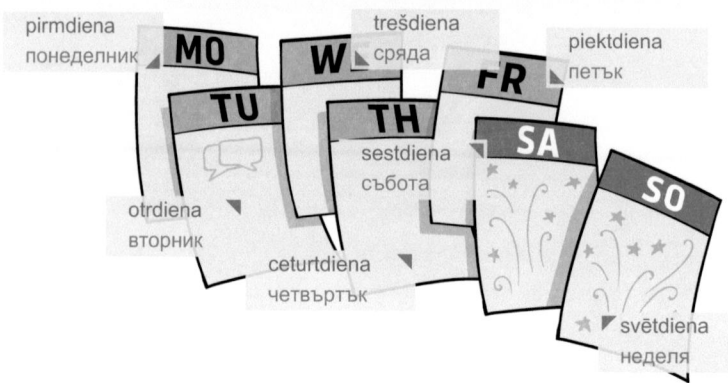

pirmdiena
понеделник

trešdiena
сряда

piektdiena
петък

sestdiena
събота

otrdiena
вторник

ceturtdiena
четвъртък

svētdiena
неделя

vakardien

вчера

šodien

днес

rītdien

утре

rīts

сутрин

pusdienlaiks

обед

vakars

вечер

darbadienas

работни дни

brīvdienas

уикенд

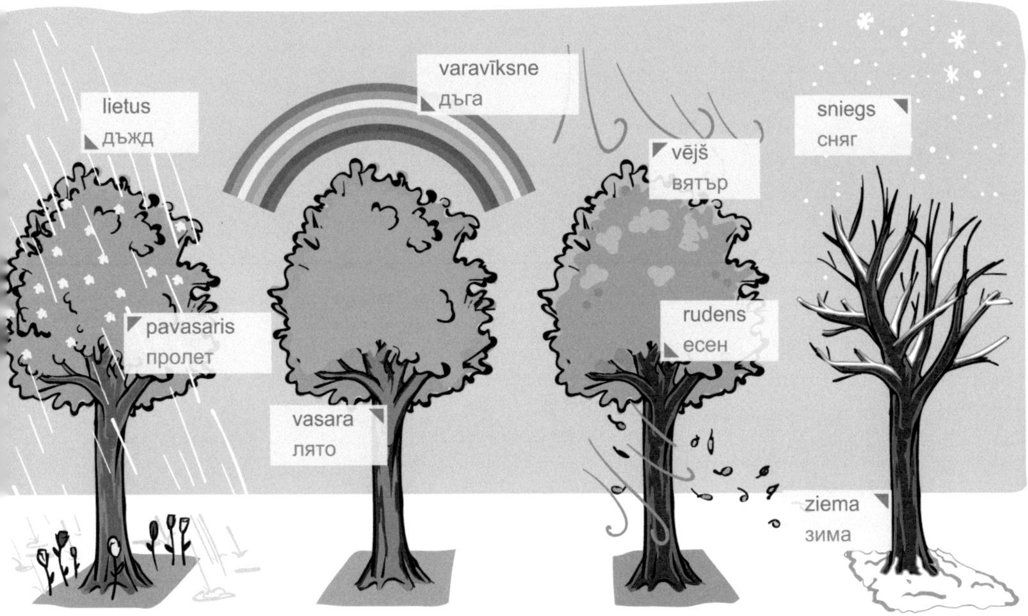

lietus
дъжд

varavīksne
дъга

sniegs
сняг

vējš
вятър

pavasaris
пролет

rudens
есен

vasara
лято

ziema
зима

laika prognoze

прогноза за времето

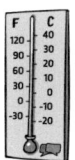

termometrs

термометър

saules gaisma

слънчева светлина

mākonis

облак

migla

мъгла

gaisa mitrums

влажност на въздуха

zibens

светкавица

pērkons

гръмотевица

vētra

буря

krusa

градушка

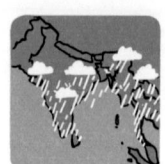

musons

мусон

plūdi

наводнение

ledus

лед

janvāris

януари

februāris

февруари

marts

март

aprīlis

април

maijs

май

jūnijs

юни

jūlijs

юли

augusts

август

septembris

септември

oktobris

октомври

novembris

ноември

decembris

декември

formas
форми

aplis

кръг

kvadrāts

квадрат

četrstūris

четириъгълник

trīsstūris

триъгълник

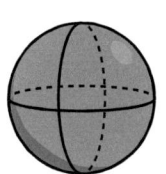

lode

сфера

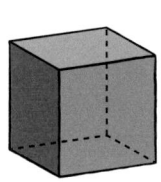

kubs

куб

balts

бял

dzeltens

жълт

oranžs

оранжев

sārts

розов

sarkans

червен

lillā

лилав

zils

син

zaļš

зелен

brūns

кафяв

pelēks

сив

melns

черен

daudz / maz

много / малко

saniknots / miermīlīgs

ядосан / спокоен

skaists / neglīts

красив / грозен

sākums / beigas

начало / край

liels / mazs

голям / малък

gaišs / tumšs

светъл / тъмен

brālis / māsa

брат / сестра

tīrs / netīrs

чист / мръсен

pilnīgs / nepilnīgs

пълен / непълен

diena / nakts

ден / нощ

miris / dzīvs

мъртъв / жив

plats / šaurs

широк / тесен

baudāms / nebaudāms

ядлив / неядлив

nikns / laipns

сърдит / любезен

satraukts / garlaikots

развълнуван / скучаещ

resns / tievs

дебел / тънък

pirmais /pēdējais

най-напред / най-накрая

draugs / ienaidnieks

приятел / враг

pilns / tukšs

пълен / празен

ciets / mīksts

твърд / мек

smags / viegls

тежък / лек

izsalkums / slāpes

глад / жажда

slims / vesels

болен / здрав

nelegāls / legāls

нелегален / легален

inteliģents / dumjš

интелигентен / глупав

kreisais / labais

ляво / дясно

tuvu / tālu

близо / далече

jauns / lietots

нов / употребяван

nekas / kaut kas

нищо / нещо

vecs / jauns

стар / млад

ieslēgts / izslēgts

вкл. / изкл.

atvērts / slēgts

отворен / затворен

kluss / skaļš

тих / силен (звук)

bagāts / nabags

богат / беден

pareizi / nepareizi

правилен / погрешен

raupjš / gluds

грапав / гладък

noskumis / laimīgs

тъжен / щастлив

īss / garš

дълъг / къс

lēns / ātrs

бавен / бърз

slapjš / sauss

мокър / сух

silts / vēss

топъл / студен

karš / miers

война / мир

0

nulle

нула

1

viens

едно

2

divi

две

3

trīs

три

4

četri

четири

5

pieci

пет

6

seši

шест

7

septiņi

седем

8

astoņi

осем

9

deviņi

девет

10

desmit

десет

11

vienpadsmit

единадесет

12

divpadsmit

дванадесет

13

trīspadsmit

тринадесет

14

četrpadsmit

четиринадесет

15

piecpadsmit

петнадесет

16

sešpadsmit

шестнадесет

17

septiņpadsmit

седемнадесет

18

astoņpadsmit

осемнадесет

19

deviņpadsmit

деветнадесет

20

divdesmit

двадесет

100

simts

сто

1.000

tūkstotis

хиляда

1.000.000

miljons

милион

angļu

английски

amerikāņu angļu

американски английски

ķīniešu mandarīnu valoda

китайски мандарин

hindi

хинди

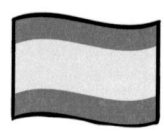

spāņu

испански

franču

френски

arābu

арабски

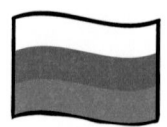

krievu

руски

portugāļu

португалски

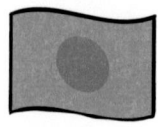

bengāļu

бенгалски

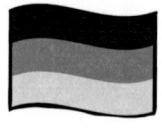

vācu

немски

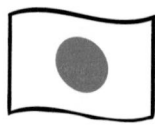

japāņu

японски

es

аз

tu

ти

viņš / viņa

той / тя / то

mēs

ние

jūs

вие

viņi / viņas

те

kas?

кой?

ko?

какво?

kā?

как?

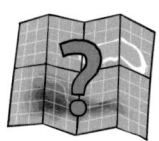

kur?

къде?

kad?

кога?

HELLO, I AM

vārds

име

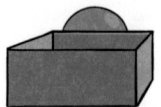

aiz

зад

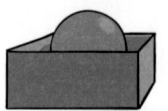

iekšā

в

priekšā

пред

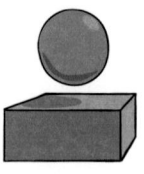

virs

над

uz

върху

zem

под

blakus

до

starp

между

vieta

място